I0059822

Правила процедуры Консультативного совещания по Договору об Антарктике и Комитета по охране окружающей среды

Дата обновления: июль 2013 г.

ISSN 2362-2628

Secretariat of the Antarctic Treaty
Secrétariat du Traité sur l´Antarctique
Секретариат Договора об Антарктике
Secretaría del Tratado Antártico

Правила процедуры Консультативного совещания по Договору об Антарктике и Комитета по охране окружающей среды

Дата обновления: июль 2013 г.

Секретариатом Договора об Антарктике
Буэнос-Айрес
2013 Г.

Правила процедуры Консультативного совещания по Договору об Антарктике и Комитета по охране окружающей среды.Дата обновления: июль 2013 г.

Буэнос-Айрес: Секретариат Договора об Антарктике, 2013 г.

с. 38

ISBN 978-987-1515-70-7

1. Международное право. 2. Система Договора об Антарктике. 3. Международные соглашения.

DDC 341.2/9

ISBN 978-987-1515-70-7

Опубликовано:

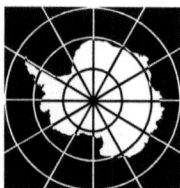

Secretariat of the Antarctic Treaty
Secrétariat du Traité sur l´Antarctique
Секретариат Договора об Антарктике
Secretaría del Tratado Antártico

Maipú 757, piso 4

C1006ACI - Ciudad Autónoma

Buenos Aires - Argentina

Тел.: +54 11 4320-4250

Факс: +54 11 4320-4253

Данный документ также можно найти на сайте www.ats.aq (электронная версия) и приобрести через Интернет.

ISSN 2362-2628

СОДЕРЖАНИЕ

РЕГЛАМЕНТЫ И АДМИНИСТРАТИВНЫЕ ПОСТАНОВЛЕНИЯ

ПЕРЕСМОТРЕННЫЕ ПРАВИЛА ПРОЦЕДУРЫ (2011 г.)

1.   Совещания, проводимые в соответствии со Статьей IX Договора об Антарктике, называются Консультативными совещаниями по Договору об Антарктике. Договаривающиеся Стороны, имеющие право на участие в этих Совещаниях, называются «Консультативные стороны»; другие Договаривающиеся Стороны, которые могут быть приглашены для участия в этих Совещаниях, называются «Неконсультативные стороны». Исполнительный секретарь Секретариата Договора об Антарктике называется «Исполнительный секретарь»..

2.   Представители Комиссии по сохранению морских живых ресурсов Антарктики, Научного комитета по антарктическим исследованиям и Совета управляющих национальных антарктических программ, приглашенные на эти Совещания в соответствии с Правилом 31, называются «Наблюдатели».

Представительство

3.   Каждая Консультативная сторона представлена делегацией, состоящей из Представителя, а также Заместителей представителя, Советников и других лиц, участие которых каждое Государство сочтет необходимым. Каждая Неконсультативная сторона, приглашенная на Консультативное совещание, представлена делегацией, состоящей из Представителя и лиц, участие которых она сочтет необходимым, в количественных пределах, которые могут периодически устанавливаться Правительством принимающей Стороны по согласованию с Консультативными сторонами. Комиссия по сохранению морских живых ресурсов Антарктики, Научный комитет по антарктическим исследованиям и Совет управляющих национальных антарктических программ должны быть представлены, соответственно, своим Председателем или Президентом или другими лицами, назначенными для этой цели. Фамилии членов делегаций и Наблюдателей сообщаются Правительству принимающей Стороны до открытия Совещания..

4.   Делегации указываются в алфавитном порядке на языке Стороны, принимающей Совещание, причем все делегации Неконсультативных сторон следуют за делегациями Консультативных сторон, а все делегации Наблюдателей следуют за Неконсультативными сторонами.

Должностные лица

5.   Представитель Правительства принимающей Стороны является Временным председателем Совещания и выполняет председательские функции до тех пор, пока Совещание не изберет Председателя.

6.   На вступительном заседании от одной из Консультативных сторон избирается Председатель. Представители других Консультативных сторон выступают в качестве Заместителей председателя в алфавитном порядке. Председатель обычно председательствует на всех пленарных заседаниях. Если он отсутствует на заседании или на его части, то на таком заседании на основе ротации и в алфавитном порядке, как это определено в Правиле 4, председательствуют Заместители председателя.

Секретариат

7.   Исполнительный секретарь исполняет функции Секретаря Совещания. Он (она) отвечает за обеспечение административно-технической поддержки Совещания при содействии Правительства принимающей Стороны, как это предусмотрено в Статье 2 Меры 1 (2003), применяемой на временной основе в соответствии с Решением 2 (2003) до вступления в силу Меры 1.

Заседания

8.   Первое пленарное заседание является открытым, остальные заседания являются закрытыми, если Совещание не примет иного решения.

Комитета и Рабочие группы

9.   В целях содействия своей работе Совещание может создавать комитеты, которые оно сочтет необходимыми для осуществления своих функций, и определять круг их полномочий.

10.   Работа комитетов осуществляется в соответствии с Правилами процедуры Совещания за исключением случаев, когда они неприменимы.

11.   Совещание или его комитеты могут создавать Рабочие группы по различным вопросам повестки дня. Председатель Рабочей группы (Председатели Рабочих групп) назначается в начале Совещания или заседания

комитета. В отсутствие иного решения Председатель (Председатели) исполняет свои функции не более, чем на четырех последовательных Совещаниях или заседаниях комитета. В конце каждого Совещания участники могут принять предварительное решение о том, какую Рабочую группу (какие Рабочие группы) следует предложить для следующего Совещания.

Регламент

12.   Две трети представителей Консультативных сторон, принимающих участие в Совещании, составляют кворум.

13.   Председатель осуществляет свои должностные полномочия в соответствии с обычной практикой. Он следит за соблюдением Правил процедуры и поддержанием надлежащего порядка. Исполняя свои функции, Председатель остается подотчетным Совещанию.

14.   В соответствии с Правилом 28 ни один Представитель не может выступать на Совещании без предварительного разрешения Председателя, а Председатель предоставляет делегатам слово в том порядке, в котором они заявили о своем желании выступить. Председатель может призвать выступающего к порядку, если его замечания не имеют отношения к обсуждаемому предмету.

15.   Во время обсуждения любого вопроса Представитель Консультативной стороны может попросить слово по порядку ведения, и решение по порядку ведения принимается Председателем незамедлительно в соответствии с Правилами процедуры. Представитель Консультативной стороны может опротестовать решение Председателя. Протест незамедлительно выносится на голосование, и решение Председателя остается в силе в том случае, если оно не отклоняется большинством голосов Представителей Консультативных сторон, присутствующих на заседании и участвующих в голосовании. Представитель Консультативной стороны, взявший слово по порядку ведения, не должен выступать по сути обсуждаемого вопроса.

16.   Совещание может ограничить время, отведенное каждому выступающему, а также число выступлений по любому вопросу. Если дебаты были ограничены таким образом, а Представитель исчерпал время, отведенное на его выступление, Председатель незамедлительно призывает его к порядку.

17.   Во время обсуждения любого вопроса Представитель Консультативной стороны может внести предложение о том, чтобы отложить его обсуждение. Помимо предложившей Стороны, Представители двух Консультативных сторон имеют право выступить за такое предложение, и еще двух – против него, после чего предложение незамедлительно ставится на голосование. Председатель может ограничить время, отведенное тем, кто выступает в соответствии с настоящим Правилом.

18. Представитель Консультативной стороны может в любое время внести предложение о том, чтобы завершить обсуждение какого-либо вопроса, независимо от того, изъявил ли желание выступить какой-либо другой Представитель. Разрешение выступить по вопросу о завершении обсуждения дается только Представителям двух Консультативных сторон, выступающим против его завершения, после чего предложение незамедлительно ставится на голосование. Если Совещание примет решение о прекращении обсуждения, Председатель должен объявить дискуссию завершенной. Председатель может ограничить время, отведенное тем, кто выступает в соответствии с настоящим Правилом. (Это Правило не распространяется на обсуждения в комитетах.)

19. Во время обсуждения любого вопроса Представитель Консультативной стороны может внести предложение о том, чтобы приостановить или прервать работу Совещания. Такие предложения не выносятся на обсуждение, а незамедлительно ставятся на голосование. Председатель может ограничить время, отведенное тому, кто выступил с предложением приостановить или прервать работу Совещания.

20. При условии соблюдения Правила 15, перечисленные далее предложения имеют приоритет перед всеми другими предложениями, внесенными на рассмотрение Совещания, в указанном порядке убывания приоритета:

    a) приостановить Совещание;

    b) прервать Совещание;

    c) отложить дебаты по обсуждаемому вопросу;

    d) завершить дебаты по обсуждаемому вопросу.

21. Решения Совещания по всем процедурным вопросам принимаются большинством голосов Представителей Консультативных сторон, участвующих в Совещании, причем каждый из них имеет один голос.

Языки

22. Официальными языками Совещания являются английский, испанский, русский и французский языки.

23. Любой Представитель может выступить на языке, не входящим в число официальных. Однако в этом случае он должен обеспечить синхронный перевод своего выступления на один из официальных языков.

Меры, Решения. Резолюции и Заключительный отчет

24. Без ущерба для Правила 21, Меры, Решения и Резолюции, о которых идет речь в Решении 1 (1995), принимаются Представителями всех присутствующих Консультативных сторон и в дальнейшем регулируются положениями Решения 1 (1995).

25.   В Заключительном отчете содержится также краткое изложение хода работы Совещания. Он утверждается большинством голосов Представителей присутствующих Консультативных сторон, а Исполнительный секретарь направляет его на рассмотрение Правительствам всех Консультативных и Неконсультативных сторон, которые были приглашены принять участие в Совещании.

26.   Несмотря на Правило 25, сразу после окончания Консультативного совещания Исполнительный секретарь уведомляет все Консультативные стороны обо всех принятых Мерах, Решениях и Резолюциях и направляет им заверенные копии окончательных формулировок на соответствующем языке Совещания. В отношении любой Меры, принятой в соответствии с процедурами, предусмотренными в Статьях 6 или 8 Приложения V к Протоколу, в соответствующем уведомлении указывается также срок, отведенный для ее утверждения этой Меры.

Неконсультативные стороны

27.   Представители Неконсультативных сторон, приглашенные на Консультативное совещание, могут присутствовать:

   a)   на всех пленарных заседаниях Совещания; и

   b)   на заседаниях всех официальных Комитетов или Рабочих групп, в состав которых входят все Консультативные стороны, если Представитель Консультативной стороны не потребует иного в каком-либо конкретном случае.

28.   Соответствующий Председатель может предложить Представителю Неконсультативной стороны выступить на Совещании, заседании Комитета или Рабочей группы, на котором он присутствует, если Представитель какой-либо Консультативной стороны не потребует иного. При этом Председатель должен всегда отдавать приоритет Представителям Консультативных сторон, которые выражают желание выступить, и, предлагая Представителям Неконсультативных сторон выступить на Совещании, может ограничить время, отведенное каждому выступающему, и число выступлений по любому вопросу.

29.   Неконсультативные стороны не имеют права участвовать в принятии решений.

30.   a)   Неконсультативные стороны могут представлять в Секретариат документы для распространения на Совещании в качестве информационных документов. Такие документы должны иметь отношение к вопросам, обсуждаемым на Совещании во время заседания Комитетов.

b) Если Представитель Консультативной стороны не потребует иного, такие документы распространяются только на языке или языках, на которых они были представлены.

Наблюдатели в системе Договора об Антарктике

31.   Наблюдатели, упомянутые в Правиле 2, присутствуют на Совещании с конкретной целью представления Докладов по следующим вопросам:

a)   в случае Комиссии по сохранению морских живых ресурсов Антарктики – развитие событий в сфере ее компетенции;

b)   в случае Научного комитета по антарктическим исследованиям –

    i)   деятельность СКАР в целом;

    ii)   вопросы, относящиеся к компетенции СКАР в соответствии с Конвенцией о сохранении антарктических тюленей;

    iii)   публикации и отчеты, которые могли быть опубликованы или подготовлены в соответствии с Рекомендациями IX-19 и VI-9, соответственно;

c)   в случае Совета управляющих национальных антарктических программ – деятельность в сфере его компетенции.

32.   Наблюдатели могут присутствовать:

a)   на пленарных заседаниях Совещания, на которых рассматривается соответствующий Доклад;

b)   на заседаниях официальных Комитетов или Рабочих групп, в состав которых входят все Договаривающиеся Стороны, где рассматривается соответствующий Доклад, если Представитель Консультативной Стороны не потребует иного в каком-либо конкретном случае.

33.   После представления соответствующего Доклада Председатель соответствующего заседания может предложить Наблюдателю еще раз выступить на Совещании, на котором рассматривается этот Доклад, если Представитель Консультативной стороны не потребует иного. Председатель может ограничить время, отведенное для таких выступлений.

34.   Наблюдатели не имеют права участвовать в принятии решений.

35.   Наблюдатели могут представить в Секретариат свой Доклад и/или документы, относящиеся к обсуждаемым в нем вопросам, для распространения на Совещании в качестве рабочих документов.

Повестка дня Консультативного совещания

36.   В конце каждого Консультативного совещания Правительство принимающей Стороны готовит предварительную повестку дня следующего Консультативного совещания. Если Совещание утверждает предварительную повестку дня следующего Совещания, она прилагается к Заключительному отчету Совещания.

37.   Любая Договаривающаяся Сторона может предложить дополнительные вопросы для включения в предварительную повестку дня предстоящего Консультативного совещания, сообщив об этом Правительству принимающей Стороны не позднее, чем за 180 дней до начала Совещания; каждое такое предложение должно сопровождаться пояснительной запиской. Правительство принимающей Стороны обращает внимание всех Договаривающихся Сторон на это Правило не позднее, чем за 210 дней до начала Совещания.

38.   Правительство принимающей Стороны готовит проект повестки дня Консультативного совещания. В состав проекта повестки дня входят:

a)   все вопросы, включенные в предварительную повестку дня, принятую в соответствии с Правилом 36; и

b)   все вопросы, включение которых было предложено какой-либо Договаривающейся Стороной в соответствии с Правилом 37.

Не позднее, чем за 120 дней до Совещания Правительство принимающей Стороны направляет всем Договаривающимся Сторонам проект повестки дня вместе с пояснительными записками и другими относящимися к ней документами.

Эксперты от международных организаций

39.   В конце каждого Консультативного совещания Совещание решает, каким международным организациям, имеющим научные или технические интересы в Антарктике, нужно предложить назначить экспертов для участия в предстоящем Совещании, чтобы они оказали содействие в его работе по существу.

40.   Любая Договаривающаяся Сторона может впоследствии предложить направить приглашение в другие международные организации, имеющие научные или технические интересы в Антарктике, чтобы они оказали содействие Совещанию в его работе по существу; каждое такое предложение направляется Правительству принимающей Стороны не позднее, чем за 180 дней до начала Совещания и сопровождается запиской с изложением оснований для такого предложения.

41.   Правительство принимающей Стороны направляет эти предложения всем Договаривающимся Сторонам в соответствии с процедурой, изложенной в Правиле 38. Любая Консультативная Сторона, у которой имеются возражения против такого предложения, должна заявить об этом не позднее, чем за 90 дней до начала Совещания.

42.   Если такие возражения не поступили, Правительство принимающей Стороны направляет приглашения международным организациям, определенным согласно Правилам 39 и 40, и просит каждую международную организацию сообщить фамилию назначенного эксперта Правительству принимающей Стороны до открытия Совещания. Все такие эксперты могут присутствовать на Совещании при рассмотрении всех вопросов, за исключением тех, которые относятся к работе Системы Договора об Антарктике и были определены на предыдущем Совещании или после принятия повестки дня.

43.   Соответствующий Председатель, с согласия всех Консультативных сторон, может предложить эксперту выступить на Совещании, на котором он присутствует. Председатель должен всегда отдавать приоритет Представителям Консультативных или Неконсультативных сторон, или Наблюдателям, упомянутым в Правиле 31, которые выразили желание выступить, и, предоставляя слово эксперту, может ограничить время, отведенное на его выступление, и число выступлений по любому вопросу.

44.   Эксперты не имеют права участвовать в принятии решений.

45.   a)   Эксперты могут представлять в Секретариат документы, относящиеся к соответствующему пункту повестки дня, для их распространения на Совещании в качестве информационных документов.

         b)   Если Представитель Консультативной стороны не потребует иного, такие документы распространяются только на том языке или языках, на которых они были представлены.

46.   В межсессионный период Исполнительный секретарь, действуя в пределах своей компетенции, как это установлено Мерой 1 и соответствующими актами, регулирующими деятельность Секретариата, проводит консультации с Консультативными сторонами, когда это юридически необходимо в рамках соответствующих актов КСДА и когда неотложные обстоятельства требуют принятия мер до начала следующего КСДА, с соблюдением следующей процедуры:

         a)   Исполнительный секретарь направляет соответствующую информацию и любые предлагаемые меры всем Консультативным сторонам через назначенных ими контактных лиц с указанием необходимого срока представления ответов;

         b)   Исполнительный секретарь должен убедиться в том, что все Консультативные стороны подтвердили получение такой информации, а также в том, что в списке контактных лиц содержатся самые последние данные;

c) Каждая Консультативная сторона рассматривает данный вопрос и к указанному сроку направляет Исполнительному секретарю ответ, если таковой имеется, через соответствующее контактное лицо;

d) Исполнительный секретарь, сообщив Консультативным сторонам о результатах консультаций, может приступить к осуществлению предлагаемых мер, если ни у одной Консультативной стороны нет никаких возражений; и

e) Исполнительный секретарь ведёт учёт межсессионных консультаций, включая их результаты и принятые им/ею меры, и отражает эти результаты и меры в своём отчёте, представленном на рассмотрение КСДА.

Межсессионные консультации

47. В межсессионный период при получении информационного запроса о деятельности КСДА от международной организации, имеющей научный или технический интерес в Антарктике, Исполнительный секретарь должен скоординировать ответ по следующей процедуре.

a) Исполнительный секретарь должен направить запрос и первый проект ответа всем Консультативным сторонам через указанных ими контактных лиц с предложением предоставить ответ на запрос и указанием соответствующей даты, к которой Консультативные стороны должны *либо* (1) сообщить о нецелесообразности ответа, *либо* (2) предоставить комментарии к первому проекту ответа.

Указанная дата должна предусматривать разумное количество времени для предоставления комментариев с учётом сроков, установленных в первоначальных информационных запросах.

Если какая-либо Консультативная сторона сообщит от нецелесообразности ответа, Исполнительный секретарь должен отправить только формальный ответ, подтверждающий получение запроса, без рассмотрения существа вопроса.

b) Если возражения по существу отсутствуют, и до даты, указанной в запросе, о котором говорится выше в пункте (a), предоставлены комментарии, Исполнительный секретарь должен переработать ответ с учётом комментариев и направить переработанный ответ всем Консультативным сторонам с указанием соответствующей даты, к которой требуется предоставление ответов;

c) Если до даты, указанной в запросе, о котором говорится выше в пункте (b), предоставляются какие-либо дополнительные комментарии,

Исполнительный секретарь должен повторять процедуру, описанную выше в пункте (b), до тех пор пока поступление комментариев не закончится;

d)   Если до даты, указанной в запросе, о котором говорится выше в пункте (a), (b) или (c), комментарии не предоставляются, Исполнительный секретарь должен разослать всем окончательный вариант с запросом активного цифрового подтверждения о прочтении и активного цифрового подтверждения о согласии от каждой Консультативной стороны с указанием даты, к которой подтверждение о согласии должно быть получено. Исполнительный секретарь должен осведомлять Консультативные стороны о ходе поступления подтверждений.

После получения подтверждения о согласии от всех Консультативных сторон Исполнительный секретарь должен от имени всех Консультативных сторон подписать и отправить ответ заинтересованной международной организации и предоставить копию подписанного ответа всем Консультативным сторонам.

e)   На любом этапе данного процесса любая Консультативная сторона может попросить большее количество времени на рассмотрение вопроса.

f)   На любом этапе данного процесса любая Консультативная сторона может сообщить о нецелесообразности предоставления ответа на запрос. В таком случае Исполнительный секретарь должен отправить только формальный ответ, подтверждающий получение запроса, без рассмотрения существа вопроса.

Документы совещания

48.   Рабочими документами должны называться документы, представленные Консультативными сторонами, которые требуют обсуждения и принятия решений на Совещании, а также документы, представленные Наблюдателями согласно положениям Правила 2.

49.   Документами Секретариата должны называться документы, подготовленные Секретариатом согласно мандату, установленному на Совещании, или документы, которые, по мнению Исполнительного секретаря, помогут информировать участников Совещания или содействовать его проведению.

50.   Информационными документами должны называться:

•   документы, представленные Консультативными сторонами или Наблюдателями, в которых содержится информация в поддержку какого-либо Рабочего документа или информация, которую необходимо обсудить на Совещании;

- документы, представленные Неконсультативными сторонами, которые необходимо обсудить на Совещании;

- документы, представленные Экспертами, которые необходимо обсудить на Совещании.

51.   Вспомогательными документами должны называться документы, представленные любым участником, которые не будут вноситься на рассмотрение на Совещании и представлены с целью формального предоставления информации.

52.   Руководство по представлению, переводу и распространению документов прилагается к настоящим Правилам процедуры.

Поправки

53.   Настоящие Правила процедуры могут быть изменены двумя третями голосов Представителей Консультативных сторон, принимающих участие в Совещании. Настоящее Правило не распространяется на Правила 24, 27, 29, 34, 39-42, 44 и 46, изменение которых требует согласия Представителей всех Консультативных сторон, присутствующих на Совещании.

Руководство по представлению, переводу и распространению документов КСДА и КООС

1.   Настоящее Руководство регулирует распространение и перевод официальных документов Консультативного совещания по Договору об Антарктике (КСДА) и Комитета по охране окружающей среды (КООС), к которым относятся Рабочие документы, Документы Секретариата, Информационные документы и Вспомогательные документы.

2.   Переводу подлежат следующие документы: Рабочие документы, Документы Секретариата, доклады КСДА, представленные Наблюдателями на КСДА и приглашёнными Экспертами в соответствии с положениями Рекомендации XIII-2 или в связи со Статьёй III-2 Договора об Антарктике, а также информационные документы, по которым Консультативная сторона подла запрос на перевод. Вспомогательные документы переводу не подлежат.

3.   Объём документов, подлежащих переводу, кроме отчётов Межсессионных контактных групп (МКГ), созванных КСДА или КООС, Отчётов Председателя Совещания экспертов Договора об Антарктике, а также Отчёта и Программы Секретариата, не должен превышать 1500 слов. Объем документа рассчитывается без учёта предлагаемых Мер, Решений и Резолюций и вложений к ним.

4.   Документы, подлежащие переводу, должны быть получены Секретариатом не позднее, чем за 45 дней до начала Консультативного совещания. Если такие документы предоставляются позднее, чем за 45 дней до начала Консультативного совещания, они могут рассматриваться только при отсутствии возражений всех Консультативных сторон.

5.   Информационные документы, по которым не было запроса на перевод, и Вспомогательные документы, которые участники хотят включить в Заключительный отчёт, должны быть получены Секретариатом не позднее, чем за 30 дней до начала Совещания.

6.   По каждому документу, предоставленному Стороной Договора, Секретариат назначит Наблюдателя или Эксперта в день подачи документа.

7.   Если в Секретариат вновь направляется на перевод пересмотренный вариант документа, подготовленный после его первоначального представления, в пересмотренном варианте текста должны быть чётко указаны внесённые изменения.

8.   Документы следует направлять в Секретариат в электронном виде. Все документы будут размещаться на главной странице сайта КСДА, созданной Секретариатом для данного КСДА. Рабочие документы, полученные до

установленного срока в 45 дней, должны быть размещены на странице в кратчайшие сроки, но в любом случае не позднее, чем за 30 дней до начала Совещания. Изначально документы будут размещаться на страницах сайта, защищённых паролем, а после завершения Совещания они будут перемещаться на страницы, не защищённые паролем.

9. Стороны могут согласиться с тем, чтобы документы, перевод которых не был запрошен, были представлены в Секретариат для перевода во время Совещания.

10. Ни один документ, представленный на КСДА, не будет использоваться в качестве основы для обсуждения на КСДА или КООС, если он не был переведён на четыре официальных языка Совещания.

11. В течение шести месяцев после окончания Консультативного совещания Секретариат должен распространить по дипломатическим каналам и разместить на главной странице сайта КСДА Заключительный отчёт данного Совещания на четырёх официальных языках Совещания.

Пересмотренные Правила процедуры Комитета по охране окружающей среды (2011 г.)

Правило 1

Если не установлено иное, применяются Правила процедуры Консультативного совещания по Договору об Антарктике.

Правило 2

Для целей настоящих Правил процедуры:

a) выражение «Протокол» означает Протокол по охране окружающей среды к Договору об Антарктике, подписанный в Мадриде 4 октября 1991 года;

b) выражение «Стороны» означает Стороны Протокола;

c) выражение «Комитет» означает Комитет по охране окружающей среды согласно определению, приведенному в Статье 11 Протокола;

d) выражение «Секретариат» означает Секретариат Договора об Антарктике.

ЧАСТЬ I ПРЕДСТАВИТЕЛИ И ЭКСПЕРТЫ

Правило 3

Каждая Сторона Протокола имеет право быть членом Комитета по охране окружающей среды и назначать представителя, которого могут сопровождать эксперты и советники, обладающие необходимой научной, экологической или технической квалификацией.

Каждый член Комитета сообщает имя и должность своего представителя Правительству принимающей Стороны, как можно раньше до начала каждого заседания Комитета, а имена и должности консультантов предоставляются либо до начала заседания, либо на его открытии.

ЧАСТЬ II НАБЛЮДАТЕЛИ И КОНСУЛЬТАЦИИ

Правило 4

Статус наблюдателя в Комитете может быть предоставлен:

a) любой Договаривающейся Стороне Договора об Антарктике, не являющейся Стороной Протокола;

b) Президенту Научного комитета по антарктическим исследованиям, Председателю Научного комитета Комиссии по сохранению морских живых ресурсов Антарктики и Председателю Совета управляющих национальных антарктических программ или назначенным ими представителям;

c) по согласованию с Консультативным совещанием по Договору об Антарктике, другим научным, природоохранным и техническим организациям, которые занимаются вопросами охраны окружающей среды и могут внести вклад в работу Комитета.

Правило 5

Каждый наблюдатель сообщает Правительству Принимающей стороны имя и должность своего представителя, как можно раньше до начала каждого заседания Комитета.

Правило 6

Наблюдатели могут принимать участие в обсуждении, но не принимают участия в принятии решений.

Правило 7

В процессе исполнения своих функций Комитет, при необходимости, консультируется с Научным комитетом по антарктическим исследованиям, Научным комитетом Комиссии по сохранению морских живых ресурсов Антарктики, Советом управляющих национальных антарктических программ и другими научными, природоохранными и техническими организациями.

Правило 8

При необходимости Комитет может запрашивать мнение экспертов по конкретным вопросам.

ЧАСТЬ III СОВЕЩАНИЯ

Правило 9

Комитет заседает раз в год – обычно и желательно, в связи с проведением Консультативного совещания по Договору об Антарктике и в том же месте. По согласованию с КСДА и с целью исполнения своих обязанностей Комитет также может проводить совещания в период между ежегодными заседаниями.

Комитет может создавать контактные группы открытого состава для изучения конкретных вопросов и представления отчета Комитету.

Контактные группы открытого состава, создаваемые для проведения работы в межсессионный период, работают следующим образом:

a) при необходимости, Комитет согласует на своем заседании координатора контактной группы и указывает его в своем заключительном отчете;

b) при необходимости, Комитет согласует техническое задание контактной группы и включает его в свой заключительной отчет;

c) при необходимости, Комитет согласует способы поддержания связи между членами контактной группы – например, такие, как электронная почта, онлайновый дискуссионный форум, поддерживаемый Секретариатом и неформальные встречи – и включает их в свой заключительной отчет;

d) представители, желающие принять участие в работе контактной группы, сообщают координатору о своей заинтересованности через дискуссионный форум, по электронной почте или иным приемлемым способом;

e) координатор, используя приемлемые способы связи, сообщает всем членам контактной группы о ее составе;

f) вся переписка своевременно предоставляется всем членам контактной группы;

g) выступая с комментариями, члены контактной группы указывают, от чьего имени они говорят.

Комитет может также принимать решения о создании других неформальных подгрупп или рассматривать другие способы работы, включая, среди прочего, семинары и видеоконференции.

Правило 10

При необходимости, Комитет может создавать вспомогательные органы по согласованию с Консультативным совещанием по Договору об Антарктике.

Эти вспомогательные органы осуществляют деятельность на основе соответствующих Правил процедуры Комитета.

Правило 11

На заседания Комитета распространяются Правила процедуры, касающиеся подготовки повестки дня Консультативного совещания по Договору об Антарктике.

До начала каждого заседания вспомогательного органа Секретариат, проконсультировавшись с Председателем Комитета и соответствующего вспомогательного органа, готовит и распространяет предварительную аннотированную повестку дня.

ЧАСТЬ IV ПРЕДСТАВЛЕНИЕ ДОКУМЕНТОВ

Правило 12

1.   Рабочими документами должны называться документы, представленные Членами Комитета, которые требуют обсуждения и принятия решений на Совещании, а также документы, представленные Наблюдателями согласно положениям Правила 4(b).

2.   Документами Секретариата должны называться документы, подготовленные Секретариатом согласно мандату, установленному на Совещании, или документы, которые, по мнению Исполнительного секретаря, помогут информировать участников Совещания или содействовать его проведению.

3.   Информационными документами должны называться:

- документы, представленные Членами Комитета или Наблюдателями согласно положениям Правила 4(b), в которых содержится информация в поддержку какого-либо Рабочего документа или информация, которую необходимо обсудить на Совещании;
- документы, представленные Наблюдателями согласно положениям Правила 4(a), которые необходимо обсудить на Совещании;
- документы, представленные Наблюдателями согласно положениям Правила 4(c), которые необходимо обсудить на Совещании.

4.   Вспомогательными документами должны называться документы, которые не будут вноситься на рассмотрение на Совещании и представлены с целью формального предоставления информации.

5.   Руководство по представлению, переводу и распространению документов прилагается к настоящим Правилам процедуры.

ЧАСТЬ V СООБРАЖЕНИЯ И РЕКОМЕНДАЦИИ

Правило 13

Комитет старается прийти к консенсусу в отношении рекомендаций и соображений, которые он предоставляет в соответствии с Протоколом.

При отсутствии возможности достижения консенсуса, Комитет отражает в своем отчете все точки зрения по данному вопросу.

ЧАСТЬ VI РЕШЕНИЯ

Правило 14

При необходимости принятия решений, решения по существу вопроса принимаются членами комитета, присутствующими на заседании, на основе консенсуса. Решения по вопросам процедурного характера принимаются простым большинством голосов членов Комитета, присутствующих на заседании и участвующих в голосовании. Каждый член комитета имеет один голос. Решение о том, носит ли тот или иной вопрос процедурный характер, принимается методом консенсуса.

ЧАСТЬ VII ПРЕДСЕДАТЕЛЬ И ЗАМЕСТИТЕЛИ ПРЕДСЕДАТЕЛЯ

Правило 15

Комитет избирает Председателя, а также двух заместителей Председателя из числа представителей Консультативных сторон. Председатель и заместители Председателя избираются на два года, и, по возможности, таким образом, чтобы сроки их полномочий не совпадали.

Председатель и заместители Председателя переизбираются на свои должности не более чем на один дополнительный двухлетний срок. Председатель и заместители Председателя не могут быть представителями одной и той же Стороны.

Заместитель Председателя, который исполнял эти обязанности в течение более длительного периода времени (в общей сложности, учитывая любой предыдущий срок пребывания в этой должности), становится Первым заместителем Председателя.

В случае, когда оба заместителя Председателя, назначаются впервые на одном и том же заседании, Комитет принимает решение о том, какой из заместителей Председателя избирается в качестве Первого заместителя Председателя.

Правило 16

Среди прочих обязанностей на Председателя возлагаются следующие обязанности и полномочия:

a) созывать, открывать, вести и закрывать каждое заседание Комитета;

b) выносить решения по порядку ведения на каждом заседании Комитета при условии, что каждый представитель сохраняет за собой право подать просьбу о том, чтобы любое такое решение было подано в Комитет для одобрения;

c) одобрять предварительную повестку дня заседаний после проведения консультации с представителями

d) подписывать от имени Комитета отчет каждого заседания;

e) представлять Консультативному совещанию по Договору об Антарктике отчет о каждом заседании Комитета, упомянутый в Правиле 22;;

f) в случае необходимости выступать с инициативой о проведении межсессионной работы;

g) по согласованию с Комитетом представлять Комитет на других форумах.

Правило 17

Если Председатель не может исполнять свои обязанности, его полномочия и обязанности берет на себя Первый заместитель Председателя.

Если ни Председатель, ни Первый заместитель Председателя не могут исполнять свои обязанности, полномочия и обязанности Председателя берет на себя Второй заместитель Председателя.

Правило 18

В случае если должность Председателя освобождается в период между заседаниями, Первый заместитель исполняет полномочия и обязанности Председателя до тех пор, пока не будет избран новый Председатель.

Если в период между заседаниями освобождается и должность Председателя, и должность Первого заместителя Председателя, Второй заместитель исполняет полномочия и обязанности Председателя до тех пор, пока не будет избран новый Председатель.

Правило 19

Председатель и заместители Председателя приступают к исполнению своих функций по окончании заседания Комитета, на котором они были избраны.

ЧАСТЬ VIII АДМИНИСТРАТИВНЫЕ СРЕДСТВА

Правило 20

Как правило, Комитет и любые вспомогательные органы используют административные средства Правительства, согласившегося провести их заседания в своей стране.

ЧАСТЬ IX ЯЗЫКИ

Правило 21

Официальными языками Комитета и, в соответствующих случаях, вспомогательных органов, упомянутых в Правиле 10, являются английский, французский, русский и испанский языки.

ЧАСТЬ X МАТЕРИАЛЫ И ОТЧЕТЫ

Правило 22

Комитет направляет на Консультативное совещание по Договору об Антарктике отчёт о каждом из своих заседаний. Отчёт охватывает все вопросы, обсуждавшиеся на заседании Комитета, включая межсессионные заседания Комитета и, в соответствующих случаях, его вспомогательных органов, и отражает высказанные точки зрения. Кроме того, в отчёт включается полный перечень официально распространённых Рабочих, Информационных и Вспомогательных документов. Отчёт направляется Консультативному совещанию по Договору об Антарктике на официальных языках Совещания. Отчёт направляется Сторонам и присутствовавшим на заседании наблюдателям, после чего передаётся в общедоступные источники информации.

ЧАСТЬ XI ПОПРАВКИ

Правило 23

Комитет может принимать поправки к настоящим Правилам процедуры, которые подлежат утверждению Консультативным совещанием по Договору об Антарктике.

Списки

Список Сторон

Страна	Вступление в силу	Консультативный статус	Протокол по охране окружающей среды	КОАТ	АНТКОМ
Австралия	23 Июн 1961	23 Июн 1961	14 Янв 1998	X	X
Австрия	25 Авг 1987				
Аргентина	23 Июн 1961	23 Июн 1961	14 Янв 1998	X	X
Беларусь	27 Дек 2006		15 Авг 2008		
Бельгия	23 Июн 1961	23 Июн 1961	14 Янв 1998	X	X
Болгария	11 Сен 1978	05 Июн 1998	21 Май 1998		X
Бразилия	16 Май 1975	27 Сен 1983		X	X
Великобритания	23 Июн 1961	23 Июн 1961	14 Янв 1998	X	X
Венгрия	27 Янв 1984				
Венецуэла	24 Мар 1999				
Гватемала	31 Июл 1991				
Германия	05 Фев 1979	03 Мар 1981	14 Янв 1998	X	X
Греция	08 Янв 1987		14 Янв 1998		X
Дания	20 Май 1965				
Индия	19 Авг 1983	12 Сен 1983	14 Янв 1998		X
Испания	31 Мар 1982	21 Сен 1988	14 Янв 1998		X
Италия	18 Мар 1981	05 Окт 1987	14 Янв 1998	X	X
Канада	04 Май 1988		13 Дек 2003	X	X
Китай	08 Июн 1983	07 Окт 1985	14 Янв 1998		X
Колумбия	31 Янв 1989				
Корея демократическая	21 Янв 1987				
Корея республика	28 Ноя 1986	09 Окт 1989	14 Янв 1998		X
Куба	16 Авг 1984				
Малайзия	31 Окт 2011				
Монако	31 Май 2008		31 Июл 2009		
Нидерланды	30 Мар 1967	19 Ноя 1990	14 Янв 1998		X
Новая Зеландия	23 Июн 1961	23 Июн 1961	14 Янв 1998		X
Норвегия	23 Июн 1961	23 Июн 1961	14 Янв 1998	X	X
Пакистан	01 Мар 2012		31 Мар 2012		X
Папуа Новая Гвинея	16 Мар 1981				
Перу	10 Апр 1981	09 Окт 1989	14 Янв 1998		X
Польша	23 Июн 1961	29 Июн 1977	14 Янв 1998	X	X
Португалия	29 Янв 2010				
Республика Чехии	14 Июн 1962	01 Апр 2014	24 Сен 2004		
Российская Федерация	23 Июн 1961	23 Июн 1961	14 Янв 1998	X	X

Румыния	15 Сен 1971		05 Мар 2003		
Словацкая Республика	01 Янв 1993			
Соединенныя Штаты Америки	23 Июн 1961	23 Июн 1961	14 Янв 1998	X	X
Турция	24 Янв 1996			
Украина	28 Окт 1992	04 Июн 2004	24 Июн 2001		X
Уругвай	11 Янв 1980	07 Окт 1985	14 Янв 1998		X
Финляндия	15 Май 1984	20 Окт 1989	14 Янв 1998		X
Франция	23 Июн 1961	23 Июн 1961	14 Янв 1998	X	X
Чили	23 Июн 1961	23 Июн 1961	14 Янв 1998	X	X
Швейцария	15 Ноя 1990			
Швеция	24 Апр 1984	21 Сен 1988	14 Янв 1998		X
Эквадор	15 Сен 1987	19 Ноя 1990	14 Янв 1998		
Эстония	17 Май 2001			
Южная Африка	23 Июн 1961	23 Июн 1961	14 Янв 1998	X	X
Япония	23 Июн 1961	23 Июн 1961	14 Янв 1998	X	X

Список Совещания

Совещания	Даты	Страна
КСДА XXXVI - КООС XVI Тридцать шестое Консультативное совещание по Договору об Антарктике - Шестнадцатое совещание Комитета по охране окружающей среды	20 Май 2013 - 29 Май 2013	Брюссель, Бельгия
КСДА XXXV - КООС XV Тридцать пятое Консультативное совещание по Договору об Антарктике - Пятнадцатое совещание Комитета по охране окружающей среды	11 Июн 2012 - 20 Июн 2012	Хобарт, Австралия
КСДА XXXIV - КООС XIV Тридцать четвертая Консультативное совещание по Договору об Антарктике - Четырнадцатое заседание Комитета по охране окружающей среды	20 Июн 2011 - 01 Июл 2011	Буэнос-Айрес, Аргентина
КСДА XXXIII - КООС XIII Тридцать третье Консультативное совещание по Договору об Антарктике - Тринадцатое заседание Комитета по охране окружающей среды	03 Май 2010 - 14 Май 2010	Пунта-дель-Эсте , Уругвай
СЭ Изменение климата СЭДА «Изменение климата»	06 Апр 2010 - 09 Апр 2010	Сволбер, Норвегия
СЭ морской туризм Совещание экспертов «Регулирование морского туризма в районе действия Договора об Антарктике	09 Дек 2009 - 11 Дек 2009	Веллингтоне, Новая Зеландия
КСДА XXXII - КООС XII Тридцать второго совещания по Договору об Антарктике - Двенадцатое заседание Комитета по охране окружающей среды	06 Апр 2009 - 17 Апр 2009	Балтимор, Соединенныя Штаты Америки
КСДА XXXI - КООС XI Тридцать первого Консультативного совещания по Договору об Антарктике - Одиннадцатое заседание Комитета по охране окружающей среды	02 Июн 2008 - 13 Июн 2008	Киев, Украина
КСДА XXX - КООС X Тридцатое Консультативное совещание по Договору об Антарктике	30 Апр 2007 - 11 Май 2007	Нью-Дели, Индия
КСДА XXIX - КООС IX Двадцать девятое Консультативное совещание по Договору об Антарктике	12 Июн 2006 - 23 Июн 2006	Эдинбург, Великобритания
КСДА XXVIII - КООС VIII Двадцать восьмое Консультативное совещание по Договору об Антарктике	06 Июн 2005 - 17 Июн 2005	Стокгольм, Швеция
КСДА XXVII - КООС VII Двадцать седьмое Консультативное совещание по Договору об Антарктике	24 Май 2004 - 04 Июн 2004	Кейптаун, Южная Африка
СЭ Туризм Совещание экспертов в рамках Договора об Антарктике по вопросам туризма и неправительственной деятельности в Антарктике	22 Мар 2004 - 25 Мар 2004	Тремсе, Норвегия
КСДА XXVI- КООС VI Двадцать шестое Консультативное совещание по Договору об Антарктике	09 Июн 2003 - 20 Июн 2003	Мадрид, Испания
КСДА XXV - КООС V Двадцать пятое Консультативное совещание по Договору об Антарктике	10 Сен 2002 - 20 Сен 2002	Варшава, Польша
КСДА XXIV - КООС IV Двадцать четвертое Консультативное совещание по Договору об Антарктике	09 Июл 2001 - 20 Июл 2001	С-нкт Петербург, Российская Федерация
СКСДА XII - КООС III Двенадцатое Специальное Консультативное совещание по Договору об Антарктике - Третье заседание Комитета по охране окружающей среды	11 Сен 2000 - 15 Сен 2000	Гага, Нидерланды

СЭ Судоходство
Совещание экспертов в рамках Договора об Антарктике: Руководство по судоходству в Антарктике и сопутствующей деятельности | 17 Апр 2000 - 19 Апр 2000 | Лондон, Великобритания

КСДА XXIII - КООС II
Двадцать третье Консультативное совещание по Договору об Антарктике | 24 Май 1999 - 04 Июн 1999 | Лима, Перу

КСДА XXII - КООС I
Двадцать второе Консультативное совещание по Договору об Антарктике | 25 Май 1998 - 05 Июн 1998 | Тремсе, Норвегия

КСДА XXI
Двадцать первое Консультативное совещание по Договору об Антарктике | 19 Май 1997 - 30 Май 1997 | Крайстчерч, Новая Зеландия

КСДА XX
Двадцатое Консультативное совещание по Договору об Антарктике | 29 Апр 1996 - 10 Май 1996 | Утрехт, Нидерланды

КСДА XIX
Девятнадцатое Консультативное совещание по Договору об Антарктике | 08 Май 1995 - 19 Май 1995 | Сеул, Корея; республика

КСДА XVIII
Восемнадцатое Консультативное совещание по Договору об Антарктике | 11 Апр 1994 - 22 Апр 1994 | Киото, Япония

КСДА XVII
Семнадцатое Консультативное совещание по Договору об Антарктике | 11 Ноя 1992 - 20 Ноя 1992 | Венеция, Италия

СЭ Мониторинг окружающей среды
Совещание экспертов по мониторингу окружающей среды Антарктики | 01 Июн 1992 - 04 Июн 1992 | Буэнос-Айрес, Аргентина

КСДА XVI
Шестнадцатое Консультативное совещание по Договору об Антарктике | 07 Окт 1991 - 18 Окт 1991 | Бонн, Германия

СКСДА XI-4
Одиннадцатое Специальное Консультативное совещание по Договору об Антарктике. Четвертая сессия | 03 Окт 1991 - 04 Окт 1991 | Мадрид, Испания

СКСДА XI-3
Одиннадцатое Специальное Консультативное совещание по Договору об Антарктике. Третья сессия | 17 Июн 1991 - 22 Июн 1991 | Мадрид, Испания

СКСДА XI-2
Одиннадцатое Специальное Консультативное совещание по Договору об Антарктике. Вторая сессия | 22 Апр 1991 - 30 Апр 1991 | Мадрид, Испания

СКСДА XI-1
Одиннадцатое Специальное Консультативное совещание по Договору об Антарктике. Первая сессия | 19 Ноя 1990 - 06 Дек 1990 | Винья дел Мар, Чили

СКСДА X
Десятое Специальное Консультативное совещание по Договору об Антарктике | 19 Ноя 1990 - 19 Ноя 1990 | Винья дел Мар, Чили

КСДА XV
Пятнадцатое Консультативное совещание по Договору об Антарктике | 09 Окт 1989 - 20 Окт 1989 | Париж, Франция

СКСДА IX
Девятое Специальное Консультативное совещание по Договору об Антарктике | 09 Окт 1989 - 09 Окт 1989 | Париж, Франция

СЭ Безопасность полетов
Совещание экспертов по безопасности полетов в Антарктике | 02 Май 1989 - 05 Май 1989 | Париж, Франция

СКСДА VIII
Восьмое Специальное Консультативное совещание по Договору об Антарктике | 20 Сен 1988 - 21 Сен 1988 | Париж, Франция

Конф. Анализ действия КОАТ
Совещание по рассмотрению действия Конвенции о сохранении тюленей Антарктики | 12 Сен 1988 - 16 Сен 1988 | Лондон, Великобритания

СКСДА IV-12
Четвертое Специальное консультативное совещание по Договору об Антарктике. Двенадцатая сессия | 02 Май 1988 - 02 Июн 1988 | Веллингтон, Новая Зеландия

СКСДА IV-11
Четвертое Специальное консультативное совещание по Договору об Антарктике. Одиннадцатая сессия | 18 Янв 1988 - 29 Янв 1988 | Веллингтон, Новая Зеландия

КСДА XIV
Четырнадцатое Консультативное совещание по Договору об Антарктике | 05 Окт 1987 - 16 Окт 1987 | Рио де Жанейро, Бразилия

СКСДА VII
Седьмое Специальное Консультативное совещание по Договору об Антарктике | 05 Окт 1987 - 05 Окт 1987 | Рио де Жанейро, Бразилия

СКСДА IV-10
Четвертое Специальное консультативное совещание по Договору об Антарктике. Десятая сессия | 11 Май 1987 - 20 Май 1987 | Монтевидео, Уругвай

СКСДА IV-9
Четвертое Специальное консультативное совещание по Договору об Антарктике. Девятая сессия | 27 Окт 1986 - 12 Ноя 1986 | Токио, Япония

СКСДА IV-8
Четвертое Специальное консультативное совещание по Договору об Антарктике. Восьмая сессия | 14 Апр 1986 - 25 Апр 1986 | Гобарт, Австралия

КСДА XIII
Тринадцатое Консультативное совещание по Договору об Антарктике | 08 Окт 1985 - 18 Окт 1985 | Брюссель, Бельгия

СКСДА VI
Шестое Специальное Консультативное совещание по Договору об Антарктике | 07 Окт 1985 - 07 Окт 1985 | Брюссель, Бельгия

СКСДА IV-7
Четвертое Специальное консультативное совещание по Договору об Антарктике. Седьмая сессия | 23 Сен 1985 - 04 Окт 1985 | Париж, Франция

СКСДА IV-6
Четвертое Специальное консультативное совещание по Договору об Антарктике. Шестая сессия | 26 Фев 1985 - 08 Мар 1985 | Рио де Жанейро, Бразилия

СКСДА IV-5
Четвертое Специальное консультативное совещание по Договору об Антарктике. Пятая сессия | 23 Май 1984 - 31 Май 1984 | Токио, Япония

СКСДА IV-4
Четвертое Специальное консультативное совещание по Договору об Антарктике. Четвертая сессия | 18 Янв 1984 - 27 Янв 1984 | Вашингтон, Соединенные Штаты Америки

КСДА XII
Двенадцатое Консультативное совещание по Договору об Антарктике | 13 Сен 1983 - 27 Сен 1983 | Канберра, Австралия

СКСДА V
Пятое Специальное консультативное совещание по Договору об Антарктике | 12 Сен 1983 - 12 Сен 1983 | Канберра, Австралия

СКСДА IV-3
Четвертое Специальное консультативное совещание по Договору об Антарктике. Третья сессия | 11 Июл 1983 - 22 Июл 1983 | Бонн, Германия

СКСДА IV-2
Четвертое Специальное консультативное совещание по Договору об Антарктике. Вторая сессия | 17 Янв 1983 - 28 Янв 1983 | Веллингтон, Новая Зеландия

СКСДА IV-1
Четвертое Специальное консультативное совещание по Договору об Антарктике. Первая сессия | 14 Июн 1982 - 25 Июн 1982 | Веллингтон, Новая Зеландия

КСДА XI
Одиннадцатое Консультативное совещание по Договору об Антарктике | 23 Июн 1981 - 07 Июл 1981 | Буэнос-Айрес, Аргентина

СКСДА III
Третье Специальное консультативное совещание по Договору об Антарктике | 03 Мар 1981 - 03 Мар 1981 | Буэнос-Айрес, Аргентина

Конф. АНТКОМ
Конференция по сохранению морских живых ресурсов Антарктики | 07 Май 1980 - 20 Май 1980 | Канберра, Австралия

СКСДА II-3
Второе Специальное консультативное совещание по Договору об Антарктике. Третья сессия | 05 Май 1980 - 06 Май 1980 | Канберра, Австралия

КСДА X Десятое Консультативное совещание по Договору об Антарктике	17 Сен 1979 - 05 Окт 1979	Вашингтон, Соединенные Штаты Америки
СЭ Телеком 3 Третье совещание по телекоммуникациям в рамках Договора об Антарктике	11 Сен 1978 - 15 Сен 1978	Вашингтон, Соединенные Штаты Америки
СКСДА II-2 Второе Специальное консультативное совещание по Договору об Антарктике. Вторая сессия	17 Июл 1978 - 28 Июл 1978	Буэнос-Айрес, Аргентина
СКСДА II-1 Второе Специальное консультативное совещание по Договору об Антарктике. Первая сессия	27 Фев 1978 - 10 Мар 1978	Канберра, Австралия
КСДА IX Девятое Консультативное совещание по Договору об Антарктике	19 Сен 1977 - 07 Окт 1977	Лондон, Великобритания
СКСДА I Первое Специальное консультативное совещание по Договору об Антарктике	25 Июл 1977 - 29 Июл 1977	Лондон, Великобритания
КСДА VIII Восьмое Консультативное совещание по Договору об Антарктике	09 Июн 1975 - 20 Июн 1975	Осло, Норвегия
КСДА VII Седьмое Консультативное совещание по Договору об Антарктике	30 Окт 1972 - 10 Ноя 1972	Веллингтон, Новая Зеландия
Конф. КОАТ Конференция по сохранению тюленей Антарктики	03 Фев 1972 - 11 Фев 1972	Лондон, Великобритания
КСДА VI Шестое Консультативное совещание по Договору об Антарктике	19 Окт 1970 - 31 Окт 1970	Токио, Япония
СЭ Телеком 2 Второе совещание по телекоммуникациям в рамках Договора об Антарктике	01 Сен 1969 - 12 Сен 1969	Буэнос-Айрес, Аргентина
КСДА V Пятое Консультативное совещание по Договору об Антарктике	18 Ноя 1968 - 29 Ноя 1968	Париж, Франция
СЭ Логистика Совещание экспертов по логистике в рамках Договора об Антарктике	03 Июн 1968 - 08 Июн 1968	Токио, Япония
КСДА IV Четвертое Консультативное совещание по Договору об Антарктике	03 Ноя 1966 - 18 Ноя 1966	Сантиаго, Чили
КСДА III Третье Консультативное совещание по Договору об Антарктике	02 Июн 1964 - 13 Июн 1964	Брюссел, Бельгия
СЭ Телеком 1 Совещание по телекоммуникациям в рамках Договора об Антарктике	24 Июн 1963 - 28 Июн 1963	Вашингтон, Соединенные Штаты Америки
КСДА II Второе Консультативное совещание по Договору об Антарктике	18 Июл 1962 - 28 Июл 1962	Буэнос-Айрес, Аргентина
КСДА I Первое Консультативное совещание по Договору об Антарктике	10 Июл 1961 - 24 Июл 1961	Канберра, Австралия
Конф. Антарктика Конференция по Антарктике	15 Окт 1959 - 01 Дек 1959	Вашингтон, Соединенные Штаты Америки

www.ingramcontent.com/pod-product-compliance
Lightning Source LLC
Chambersburg PA
CBHW051405200326
41520CB00024B/7501